Inhalt

Der Finanzmakler - kompetenter Berater oder reiner Verkäufer?

Kernthesen

Beitrag

Fallbeispiele

Weiterführende Literatur

Impressum

Der Finanzmakler - kompetenter Berater oder reiner Verkäufer?

J.Kessler

Kernthesen

- Infolge der Wirtschaftskrise haben Finanzberater deutlich an Vertrauen eingebüßt.
- Oftmals stecken die Berater im Konflikt zwischen Verkauf und sachgerechter Aufklärung.
- Verbraucherschützer setzen deswegen auf Honorarberatung.
- Noch ist die Bereitschaft der Kunden gering, nur für Beratung zu zahlen.
- Wegen der Komplexität der Finanzprodukte wird sich die Anlageberatung künftig

stärker ausdifferenzieren.

Beitrag

Das Dilemma der Finanzberater

Die Finanzmärkte sind in den vergangenen Jahren viel zu komplex geworden, als dass sie der gewöhnliche Kleinsparer noch ohne Weiteres durchschauen könnte. Deswegen braucht der Kunde in Sachen Geldanlage professionelle Unterstützung. Dies ist die Aufgabe des Finanzberaters. Allerdings steckt der Berufsstand in einem Dilemma. Klären die Berater zu sehr über Risiken auf, verkaufen sie zu wenig Produkte. Verschweigen sie Risiken, sehen sie sich dem Vorwurf der Falschberatung, ja sogar der arglistigen Täuschung ausgesetzt. Deshalb erfahren Kunden oft nur das Nötigste über die Produkte. Dieses Dilemma ist in der Finanzkrise offen zu Tage getreten. So haben Anleger mit Produkten wie den viel zitierten Lehman-Zertifikaten Schiffbruch erlitten. Finanzberater hatten diese oftmals empfohlen. Deswegen sind die Anleger kritischer geworden. Sie fordern mehr Transparenz. (1), (3)

Die Finanzbranche setzt auf mehr Information

Derzeit ist die Finanzbranche bestrebt, das gestörte Vertrauensverhältnis zwischen dem Kunden und dem Bank- bzw. Finanzberater wiederherzustellen. Nach ING-Diba, Deutsche Bank, MLP und den Bankenverbänden hat nun auch die Targobank einen Beipackzettel vorgestellt. Mit den darauf enthaltenen Produktinformationen soll der Anleger Finanzprodukte künftig besser einordnen und die Angebote verschiedener Anbieter besser vergleichen können. Einen solchen Beipackzettel fordert Verbraucherschutzministerin Ilse Aigner (CSU) schon seit längerer Zeit. (3)

Honorarberatung als Alternative

Die Finanzkrise hat die Kritik an der provisionsbasierten Beratung weiter verschärft. Diese mache die Berater zu reinen Produktverkäufern, die Interessen der Anleger blieben auf der Strecke, lautet der Vorwurf. Deswegen favorisieren Verbraucherschützer die so genannte Honorarberatung. Dabei soll der Anleger für die Beratung zahlen und nicht für den Produktkauf. Dies soll verhindern, dass Berater in Interessenkonflikte geraten. Allerdings stößt die Honorarberatung auch an Grenzen. Beratungsstunden sind recht teuer, nicht alle Anleger können sich dies leisten. Die Finanzbranche verweist deswegen darauf, dass das provisionsbasierte Modell eine individuelle und kostengünstige Beratung garantiert. Ohnehin wird das Thema Honorarberatung in der Finanz- und Versicherungsbranche äußerst kritisch gesehen. (4), (5), (6)

Trends

Experten rechnen damit, dass sich die gesamte Anlageberatung grundlegend verändern wird. Demnach wird der Privatanleger künftig unterschiedliche Anlaufstellen aufsuchen, je nach Bedürfnis können dies Verbraucherzentralen, Honorarberater, Bank- und Versicherungsberater sowie Vermögensverwalter sein. Die einzelnen Sachverhalte sind inzwischen zu vielfältig und vielseitig geworden. Wie in der Ärztelandschaft wird es daher künftig auch in der Finanzbranche immer mehr Spezialisten geben. (3)

Fallbeispiele

Außerhalb des Segments vermögender Privatkunden

gibt es im deutschen Bankenmarkt gegenwärtig keine große Nachfrage und kein auskömmliches Geschäftsmodell für Honorarberatungen. Gleichwohl aber beschäftigt sich inzwischen jedes dritte Institut mit dem Thema, so auch die Sparkassen Ingolstadt, Nürnberg und Koblenz. Die Taunus-Sparkasse überlegt, im Wertpapiergeschäft die Honorarberatung einzuführen. Ansätze der Honorarberatung gibt es auch bei der ComdirectBank mit ihrer "Anlageberatung Plus" sowie bei Cortal Consors und SRQ FinanzPartner, einer Tochter der DAB bank. Als bislang einziges Institut hat sich die Quirin Bank dem reinen Geschäftsmodell der Honorarberatung vor Ort und mit persönlichem Kundengespräch verschrieben. (6)

Die Verbraucherzentrale Baden-Württemberg hat in 121 Testberatungen festgestellt, dass nahezu alle Anlageangebote nicht bedarfsgerecht waren. So vermittelten die Berater vor allem unflexible Verträge, bei denen die gesamten Kosten zu Beginn des Vertragsabschlusses fällig werden. Zudem gingen mehr als zwei Drittel der Angebote mit höheren Kosten einher als vergleichbare Anlagen bei anderen Anbietern. Ferner hätte mehr als jede fünfte bestehende Anlage ein höheres Risiko gehabt, als der Verbraucher zu tragen bereit gewesen sei. Die Verbraucherzentrale schätzt den Schaden durch nicht bedarfsgerechte Beratung zur Geldanlage und

Altersvorsorge bundesweit auf 45 Milliarden bis 90 Milliarden Euro im Jahr. (1)

Die Finanzdienstleister wollen sich diese Kritik offenbar nicht gefallen lassen. Denn der AfW - Bundesverband Finanzdienstleistung e.V., die Interessenvertretung der unabhängigen Finanzdienstleister, hat seinerseits die Finanzberatung der Verbraucherzentralen unter die Lupe genommen. Getestet wurden kostenpflichtige Hotlines der Verbraucherzentralen zu den Themen Altersvorsorge und Versicherungen. Positiv sei zu vermerken gewesen, dass bei der überwiegenden Zahl der Hotlines von einer telefonischen Beratung Abstand genommen und auf die Möglichkeit von persönlicher Beratung vor Ort hingewiesen worden sei. Gleichwohl hätten Berater der Verbraucherzentralen Nordrhein-Westfalen und Berlin gegen die eigenen Empfehlungen und Checklisten für derartige Gespräche verstoßen. (1)

Hedgefonds-Manager, Finanzberater und Private-Equity-Manager genießen bei vielen Marktteilnehmern derzeit eine besonders unvorteilhafte Reputation. Das ist ein Ergebnis der Studie "Financial Markets Integrity Index 2010", die der Analystenverband CFA durchgeführt hat. Erfragt wurde unter anderem die Meinung zum ethischen Verhalten verschiedener Marktakteure. Auf einer Skala von 1 bis 5 (mit 5 als Bestnote) erhielten

Pensionsfonds-Manager mit 3,8 Punkten, Investmentfonds-Manager mit 3,7 Punkten sowie Buy-Side Analysten mit 3,6 Punkten die besten Noten. Am schlechtesten schnitten Hedgefonds-Manager (2,5), Finanzberater (2,7) und Private-Equity-Manager (2,8) ab. Ein Grund für die schwache Bewertung der Finanzberater sind die provisionsbasierten Anreizsysteme im Vertrieb. Diese führten dazu, dass Finanzberater den Vertragsabschluss, nicht aber den Bedarf des Kunden in den Mittelpunkt rücken. (2)

Knapp die Hälfte aller europäischen Anleger stuft ihr Finanzwissen als schlecht ein, in Deutschland waren es sogar 56 Prozent. Dies ergab eine Umfrage, die der Fondsanbieter Fidelity europaweit unter 9 000 Anlegern durchgeführt hat. Deswegen will ein Großteil der Anleger ihre Entscheidungen in Sachen Geldanlage nicht allein fällen. Jeder zweite Deutsche gab an, beim Kauf eines Finanzprodukts vor allem auf seinen Berater gehört zu haben. Nur in Italien, Dänemark und Frankreich hat Beratung einen noch höheren Stellenwert. Ferner gaben mehr als 60 Prozent der Befragten an, beim Kauf von Finanzprodukten allenfalls das allgemeine Konzept, nicht aber die Details einer Anlage verstanden zu haben. 27 Prozent fühlen sich unzureichend aufgeklärt, weil die Produktinformationen voller Fachbegriffe seien. 25 Prozent bezeichnen die

Vertragsbedingungen als verwirrend. (3)

"Die Beratung ist leider allzu oft produktorientiert und lehnt sich zu stark an Rankings und Hitlisten an", sagte Susanne Kazemieh, Gründerin der Frauen-Finanz-Gruppe in Hamburg. Der Hauptfehler: Auf eine breite Streuung der Anlagen wird verzichtet. "Ein guter Berater vermittelt seinem Kunden, dass es weniger auf das Markttiming ankommt als auf die richtige Allokation", ergänzte Kazemieh. (3)

Nur jeder fünfte Anleger ist der Ansicht, dass die Mitarbeiter in den Filialen ihrer Bank absolut fehlerfrei arbeiten. Das ergab eine Umfrage des Beratungsunternehmens Gallup Deutschland unter 3 800 Bankkunden. Lediglich jeder Vierte glaubt, dass sein Geldinstitut hält, was es verspricht. (3)

Umfragen zufolge sind Kunden bei Baufinanzierungs- und Altersvorsorgeberatung sowie bei einer einmaligen Geldanlageberatung zu Honorarzahlungen bereit. Allerdings wären nur etwa 20 Prozent der Anleger bereit, eine neutrale Geldanlageberatung mit einem Honorar zu vergüten. Nur ein Viertel dieser Kundengruppe würde den für Honorarberater marktüblichen Stundensatz von 150 Euro akzeptieren, der überwiegende Teil würde nur Gebühren von deutlich unter 50 Euro für eine Beratung zahlen. (6)

Weiterführende Literatur

(1) Finanzberater vermitteln am Bedarf vorbei
aus Versicherungsjournal.de, Ausgabe vom 26.04.2010
:

(2) Finanzberater geraten bei Analysten in Verruf
CFA-Umfrage zeichnet düsteres Bild der Branche
aus Börsen-Zeitung, 18.05.2010, Nummer 93, Seite 4

(3) Ist des Beraters Ruf erst ruiniert Geldanlage - Seit der Finanzkrise haben Finanzberater mit Image-Problemen zu kämpfen. Mit dem Versprechen zu mehr Transparenz und Information sollen die verschreckten Anleger nun zurückgewonnen werden.
aus ftd.de.

(4) BVK lehnt staatlich geförderte Honorarberatung ab
aus AssCompact Nr. 06 vom 03.06.2010 Seite 101

(5) Falscher Heilsbringer Honorarberatung Wer schlechte Anlageentscheidungen verhindern will, sollte weder auf Informationspflichten noch auf Honorarberatung vertrauen
aus Financial Times Deutschland vom 24.03.2010, Seite 26

(6) HONORARBERATUNG Nische für Vermögende
aus Sparkasse, Januar 2010, Nr. 04, S. 32

Impressum

Der Finanzmakler - kompetenter Berater oder reiner Verkäufer?

Bibliografische Information der deutschen Nationalbibliothek

Die Deutsche Nationalbibliothek verzeichnet diese Publikation in der deutschen Nationalbibliografie; detaillierte bibliografische Daten sind im Internet über http://dnb.d-nb.de abrufbar.

ISBN: 978-3-7379-0620-3

© 2015 GBI-Genios Deutsche Wirtschaftsdatenbank GmbH, Freischützstraße 96, 81927 München, www.genios.de

Alle Rechte vorbehalten. Dieses Werk ist einschließlich aller seiner Teile – z.B. Texte, Tabellen und Grafiken - urheberrechtlich geschützt. Jede Verwertung außerhalb der Grenzen des Urheberrechtsgesetzes bedarf der vorherigen Zustimmung des Verlags. Dies gilt insbesondere auch für auszugsweise Nachdrucke, fotomechanische Vervielfältigungen (Fotokopie/Mikroskopie), Übersetzungen, Auswertungen durch Datenbanken oder ähnliche Einrichtungen und die Einspeicherung und Verarbeitung in elektronischen Systemen.